JN033429

マダムの部屋へ ようこそ!

谷口智美

文芸社

はじめに

二〇一五年七月六日にスタートした時、「マダムと翔のＬＯＶＥ・ＩＳ・ＨＯＭＥ」というタイトルで、コミュニティーＦＭ　ＩＳ（エフエムイズ）・みらいずステーションで夜八時から、当初は三十分枠だった。音楽をお届けしながら、ラジオなのに私の手料理をご用意する番組。そして、その日作った料理で、私が一句。「川柳を趣味としている私」もちょっぴり折り混ぜた。

半年を経て、枠は一時間に拡大し、パーソナリティは私一人の、「マダムのＬＯＶＥ　ＩＳ　ＨＯＭＥ」となる。

毎回いろんなジャンルのゲストの方をお迎えし、私の料理を食べていただき、ゲストの方とのお話しと、後半はリスナーさんからのメッセージを、ゲストの方も交えて楽しむ。

リスナーさんは国内外に広がり、毎回多くのメッセージをいただく。今年の夏、五年目に入るのを前に、感謝の気持ちを伝えたいことと、自分を初心に戻すため、ここにまとめてみることにした。

マダムの

Love Is Home

FM IS みらいずステーション
87.2 MHz mail:masa@fmis.jp

もくじ

私の料理を食べてもらう番組

料理家でも調理師でもない私だが、作るのは好き。レシピはなくても、思いついたものや店で食べたものを作る。食べてみて、また次へのアイデアも浮かぶ。友人などに食べてもらうと、別のアドバイスももらえたりするのは楽しい。

そんな私がふと、リスナーとして生活の中にある地元コミュニティーラジオ・ＦＭＩＳ（エフエムイズ）に「私の料理を食べてもらう番組をしたい」と持ちかけたところ、当時の社長が

「ラジオで、しかも生放送で料理？　おもしろい」

と、のってくださった。

そして二〇一五年七月六日、スタート。

はじめは音楽に詳しい相方もいて、三十分番組〝音楽と食事とお話と〟をキャッチフレーズに三カ月ごとに少しずつＢＧＭを変えながら進めた。

二〇一六年一月からはパーソナリティも私一人の一時間枠となり、番組名も、「マダムのＬＯＶＥ　ＩＳ　ＨＯＭＥ」となった。「マダムのＬＯＶＥ　ＩＳ　ＨＯＭＥ」となってからも、少しずつ内容を変えてきたけれど、食事について伝え続けたいことは変わらない。

オープニングのセリフは、

「食べることは生きること。人生のどんなシーンにも食べることは寄り添っています。そして、どんな言葉を並べるよりも心を伝えることができるのは食卓を囲むこと」

この言葉を口にするたび、私自身、脳裏に浮かび上がるシーンがいくつもある。なぜかつらかった時のシーンが多い。

食べることなどどうでもいい！　と叫びたいほどつらい時や悲しい時……。

けれど、友がそっと差し出してくれた豚まんや紙で挟んだコロッケなど。たぶん、ありがとうもろくに言えぬまま手に取ったと思う。相手の顔も見ずに口にしたと思う。

しかし、ひと口……パクッとした時、おいしい!!と感じた時、こんな時でもおなかってすくんだと驚いた。私、生きてる!!って、感謝した。

この時の感動は忘れない。

また、私は好き嫌いやアレルギーがあったこともあり、食事の時間は楽しみではなかった。残すとおこられる、無理矢理食べさせられる……楽しくない。そんな子ども時代を過ごした。
今、私には子どもも孫もいないが、若いお母さんたちが、

「残すと大きくなれないよ」

「これ食べないと○○あげないよ」

「虫歯になるから○○食べちゃダメ」

などと言う声を聞くたび、胸が痛む。私も屋台の食べ物やりんごアメは禁止されていた。自分で買える今になっても、体に残った記憶が、私の足と手を店の前で止めてしまう。もしも子どもの頃に食べていたら、こんなにも拘わることなく、体験の一つとして過ぎたことだろう。


禁止することより、食べる前には手を洗う、うがいをする、食べる前にはおやつの時も「いただきます」と「ごちそうさま」を言う、食べたら歯をみがく。これらを歌を唄うように一緒にやってみれば、何でも遊びにできる幼少期には自然と身につくと思う。「大きくなれないよ」や「○○あげない」は、もう強迫だ。

そんな、食事に対して楽しくない思い出が多い私も、もともとは食いしん坊。祖母が母に内緒で買ってくれた天津甘栗やさきいか、駅弁、自転車で売りにきていたアイスキャンディーなどなど、何の制限もせず、食べることだけを楽しめたことの記憶も鮮やかに残っている。

そして、小学四年の家庭科で習ったゴボウのササガキがおもしろくて、父と母の留守中に「けんちん汁」を作ってみた。それが私の初めての料理だったが、その時両親がすごく喜んでくれたことがきっかけで、料理って楽しい、食べてもらうってうれしいと思った。以後、おせち料理やクリスマスメニューなど、基本は雑誌などで学びながら、アレンジも楽しみ、あくまで自己流で料理をしてきた。

それをラジオ番組にしたいと思ったのは、食べることの話題なら、何ももっていない人はいないだろう、食卓の思い出もあるだろう、ならば私の手料理を食べてもらいながら、緊張をほぐしてトークしてもらう、『マダムの部屋』を想像したから。

実際、初めての方はこちらにも緊張が伝わるが、食事をしているうちに、素が出てきて、その場で思い出したことをスッと話してくださる。

毎回、食べ物にまつわる一つのテーマにいただくリスナーさんのメッセージから、ゲストの方やほかのリスナーさん、そして私の記憶の扉が開きだすのを感じる。コミュニティーとはいえ、「ＦＭ ＩＳ《イズ》」はスマホ・アプリで聴けるので、今では国内外にリスナーさんがいて、メッセージも北海道・青森・新潟・栃木・群馬・東京・茨城・静岡・愛知・三重・滋賀・奈良・大阪・愛媛とどんどん増えて、時にご紹介しきれず、申し訳ないと思いながらうれしい悲鳴を上げている。

毎回、いろんなジャンルや年齢の人と出会えるのもうれしい。

今年、二〇一九年の七月から五年目に入る。ＢＧＭなど少しは変わっても、

・食べることは生きること。人生のどんなシーンにも食べることは寄り添っている。

・どんな言葉を並べるよりも、心を伝えることができるのは食卓を囲むこと。
・食事はまず、楽しい!!から身につけよう。

この想いを変わらぬ大きな軸にして、これからもマダムの部屋は、毎週月曜日の夜八時から一時間、いろんな想いで集まるみんなを、「おかえり」と迎える場所でありたい。

ちょっとひねって料理川柳!?

番組が始まってしばらくの間は、私のもう一つの趣味である川柳も折り混ぜていた。作った料理を紹介する時、その料理で一句詠んでみていた。

第一回の七月六日は俵万智さんのサラダ記念日。ということで作った料理はサラダピザ。

〈サラダピザ〉

初めての　君を迎える　手料理は
ルンルンしちゃう　このサラダピザ

〈ドフィノア〉

デートの日　何を着ようか　食べようか
ちょっと気どって　作るドフィノア

サラダピザ。初回が7月6日と分かった時、迷わず「サラダ記念日」として決めた一品

〈ピーマンのトマト煮〉
青臭い　君のそのクセ　嫌なとこ
全部受け取め　今は大好き

〈ちらし寿司デコレーションケーキ〉
チョコレート　貰い慣れてる　君だから
バレンタインは　ちらしでケーキ

〈かぶと豚しゃぶの豆腐ソース〉
キミのこと　思い出すたび　熱くなる
しゃぶしゃぶにして　ちょうど食べ頃

〈パンケーキとフルーツポンチ〉
夏バテの　顔など見られたくなくて
フルーツポンチの　泡でごまかす

冬のチーズプラトー。ブルーチーズ、カマンベールチーズ、カッテージチーズ、シュレッダーチーズを使って

〈かぶとコンビーフの中華煮〉
腹ペコで　きっと帰ってくるキミを
待っていたのよ　カブっと食べて

〈枝豆とみょうがのごはん〉
秋風を　感じちょっぴり　寂しいな
人恋しくて　夏色ごはん

〈さつまいもとりんごのチヂミ〉
辛口の　顔であなたに　近づいた
あま〜い私の　名前はチヂミ

〈かぼちゃとひき肉のスパイシーサラダ〉
秋風を　感じるけれど　まだ夏の
火照りが残る　体にサラダ

豆苗のキッシュ。野菜が高い
時のお助けレシピとして

〈月見豆腐〉
同じ空　時間合わせて　キミと見る
スーパームーンに　想いを込めて

〈京風揚げピザ〉
おサイフに　やさしくってもキミのため
作る料理は　愛が大盛り

〈栗ごはん〉
キミのこと　思いうかべて　すごす秋
渋で汚れた　指先にキス

〈赤ピーマンの海老詰めトマトソース〉
秋寒は　暖房よりも　人肌と
キミと食べたい　情熱の赤

夏のおでん。トマト、オクラ、
とうもろこし入り

〈おむすび～シンプルだからこそ～〉
伝えたい　言葉ひとつに　しぼれない
やっとみつけた　好き　とひと言

〈水もだしも不要の肉じゃが〉
お互いの　小さな力　出し合えば
いちたすいちが　により大きい

〈明太子エノキバーグ〉
そのままの　キミが一番好きだけど
たまにはちがう　キミもまたいい

〈アスパラと桜エビの春色ごはん〉
約束の　日が待ちきれず　重箱に
思いを詰めた　春色ごはん

飾りいなりずし。ひじきごはんで

〈トマトカレー〉
ピカピカの　トマトの赤を見ていたら
声が聞こえた　がんばれよって

〈筍料理　三品〉
嵐にも　負けずそのたびぐんぐんと
伸びるあなたに　希望をもらう

〈空豆のポタージュと空豆ごはん〉
吹く風に　緑の香り感じたら
さあ出ておいで　君が主役さ

〈白飯のおとも〉
「ひじきのペペロンチーノ・人参葉味噌・トマトの梅かつお和え
冷凍卵黄のしょうゆ漬け・鶏皮のゆずこしょう和え」

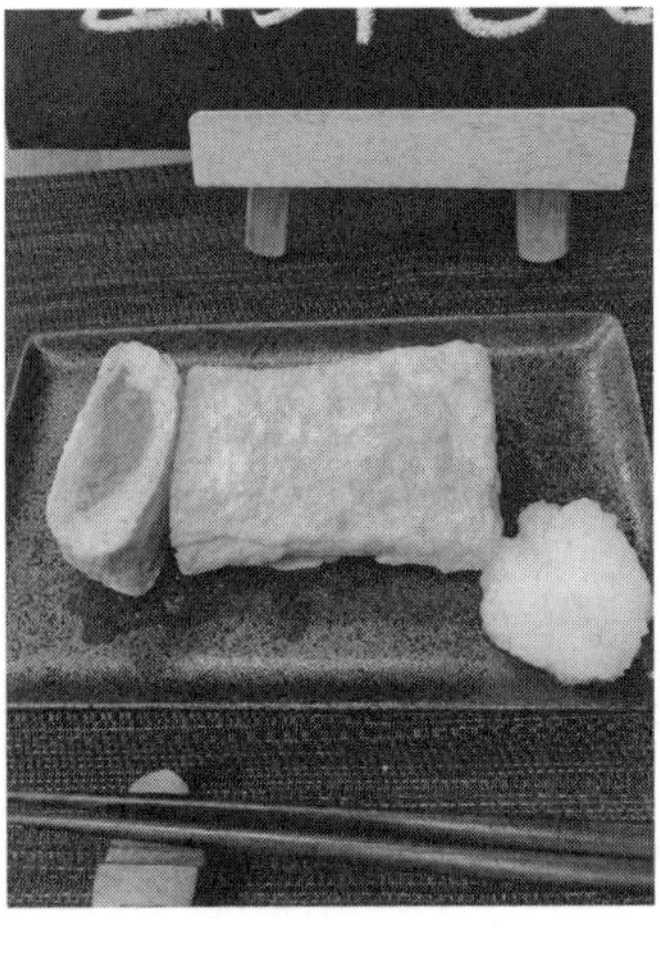

明太子入りだし巻き卵。ゲストさんのリクエストに応えて

思い出の食卓～ゲストルーム

「食べることに関する思い出が一つもない人はいないだろうと設けたコーナーが、「思い出の食卓」だ。

私の番組では打ち合わせをしない。年齢も、家族構成も、出身地も、何も知らぬまま、お名前とご自分のテンションが上がるようにBGMに使うアルバムを一枚選んでいただくだけで本番となる。はじめは緊張されているのがわかるが、私の料理を食べながら、少し話しだすと、ほぐれた心でどんどん語ってくださる。
どの方のお話も新鮮で、楽しかったり、

驚いたり、共感したり、また、もらい泣きしたり。その中のほんの少しだけ、ここで紹介させていただくことに感謝します。

〈実家がお寿司屋さんだったK氏の話〉

幼い頃からやんちゃで、親が出前に行く時、車の後ろに寿司おけと一緒に乗り込んでいた。走っている間にその寿司を一つ、二つ……つまんでいたら、お客さんのところに着いた時には、半分ぐらいいなくなっていた。

親にはこっぴどく叱られたが、お得意さんはおこるどころか、笑ってお菓子をくれた。

〈今はフリーアナウンサーのI氏の話〉

大学時代、いろいろなアルバイトをした。お米屋さんでバイトをした時、配達先の屋敷の庭に木があって、かついだ米袋がひっかかり、玄関口まで白い米の線がついた。

だけど、お客さんにも店主にもおこられなかったなあ。給料引かれた記憶もないし、当時はおおらかな時代だった。

〈紙切り作家Tさんの話〉

幼い頃、両親が離婚し、父の元で弟と三人で暮らしていたTさん（女性）。

反抗期に入り、父親を理由もなく嫌い、避け、話すことすらしなくなっていた。

そんなある日、友達が遊びに来て、二階にある自分の部屋にずっといた。夜が更けて、おなかが空いた……けれど下には父がいる。部屋から出ずにいた。

しばらくして、部屋の前で足音が止まった。

「Tちゃん、おむすび……」と一言。

Tさんは返事もせず、ドアも開けず、放っておいた。けれどやはり空腹には勝てず、そっとドアを開けたら、思わず笑ってしまうほど大きなおむすびが盛ってあった。

友達と一緒に、両手で抱えながらほおばり、一瞬

笑ったけど、食べながら涙が止まらなかった……父さんごめん……。

――この放送、偶然お父さまが聴いていて、スタジオに電話が入った。


〈大型バイク乗りJさんの話〉


――どのゲストの方のお話もみな、感動したり、涙したり、ほっこりさせていただいているが、このお話は今でも一番忘れられない。そのときの驚きを覚えている――

見た目も言動も、正直厳ついイメージのJさんが、その日、私が用意した「花椒《ホアジャオ》の効いた四川風麻婆豆腐」を食べながら、ポツポツと少し照れながら語りだされた。

一人目の嫁も、今の嫁も料理上手。その初めの嫁さんと別れることになった時、前の晩に奥さん、

「最後に好きなものを作ってあげる。何がいい？」

「麻婆茄子・揚げ出し豆腐・酢豚」とJさん。

三品、やはりどれもとてもおいしかった。食べながら、明日からもう二度と食べられないことが今更こみあげて、泣きながら食べた。

そして、今の嫁さんの手料理は、仕事などで外食した場合も、外で済ませたと言って断らず、玄関に着くまでに吐いてでもおなかを空っぽにして、心からありがとうと思っておいしく食べている。

リスナールーム～さまざまなテーマにメッセージが集まる

一年間は三十分枠の番組だったが、少しでも多くメッセージをご紹介したくて、曲のリクエストにお応えするのをやめ、番組を一時間枠にした。そして後半は「リスナールーム」として、毎週、食べることにまつわる一つのテーマにいただくメッセージをご紹介するようになった。それでも、時間が足らず、ご紹介できないことがある。

ＦＭ ＩＳ《イズ》の一日の放送の中で、私が流している二十秒の番組宣伝は、
「リスナーさんからのメッセージで、みんなの記憶の扉が次々に開く番組」

まさにそのとおり、ご紹介したメッセージを聴いて、思い出して共感したというリスナーの方のメッセージや、追加も届く。その話題をキッカケに初めての方から届くこともある。

そんな「リスナールーム」のノートを開くと、私の記憶の扉が音を立てて開く。

ギーーーッ……。

◆おむすび

「おむすび」がテーマの時は、メッセージを二十五通いただいた。

これには　三角しか作ったことがない。また三角は作れないなど形のことから、塩にはこだわるとか、佃煮、鮭、梅……その梅も甘めのものだったり、カリカリだったりと具のこと。

山口県の山賊という有名な店の「ばくだんおむすび」など、旅先でのこと。しょうゆをぬって焼いて、大葉で巻いたおむすびを食べながら見上げた花火大会の思い出。

お母さんが作るおむすびは、酢を少し含ませていて、小・中学生の頃の遠足に持たせてくれた、など。

私のおむすびの思い出は、大阪から埼玉へ転校したての小学三年生、春の遠足。

幼い頃から私は、お弁当というと母がお弁当箱に詰めて作ってくれていたので、その時もリスがりんごをかじっている絵のついたお弁当箱に少しずついろんなおかずを詰めたものを持っていった。さて、お昼時、リュックを降ろしてさあ食べよう！　とした時、え？と思った。私のまわりにクラスメイトが集まってきたのだ。なんとクラス全員、持ってきたお弁当は新聞紙に包んだおむすびと数切れのたくわん。みなお菓子を一つずつ差し出して、私のおかずを少し、コレと取りかえてくれと集まってきたのだ。アッという間に私のお弁当箱は空っぽ。

それを見た高齢の女性の担任が、大きなおむすびを一つくださった。そして、先生はたくわんを一本、袋ごと持ってきていて、それを（今では考えにくいが）包丁で切って分けてくださった。

私にとっては、遠足で行った山の中で、みんなと一緒に先生がくれたおむすびをほおばったことが鮮明な思い出。今でも忘れられないほどうれしかった。

◆給食

この時は三十二通のメッセージをいただいた。

鯨の竜田揚げと揚げパンが、圧倒的に多かった。次いでメニューで多かったのは、ソフト麺とカレー、ミルメークという牛乳に入れるとコーヒー牛乳になる粉。

給食当番をしていて、教室に運ぶ時にひっくり返してしまい、全クラス回って少しずつおかずを集めた話、休んだ子の家にパンを届けた話、残したパンを枕の中に入れてずっと忘れていたら、カビだらけで出てきた話、カレーの日は、おかわりの競争だったこと。また、放送部だった方からは、給食を持って放送室に行き、放送しながら食べていた話。ごはんが出るのは世代だろうか地域だろうか、出たところと、出なかったところがあった。

私は白い牛乳が今でも飲めないが、給食には必ず出た。ある日担任が、特別にミルメークを毎日使っていいと言ったので、問屋で大袋を買ってきた。ところが、なぜか私は大袋のまま学校に持っていったようだ。とにかく欲しいというクラスメイトにあげたら、すぐになくなった。

そして私は揚げパンと鯨の竜田揚げを給食で食べた経験がない。大阪の小学校は自校式で、毎日、給食のおばさんの顔が見えた。箱を返しに行くと、扉越しにおばさんと話をするのも給食の時間の楽しみだった。

「おばちゃん、今日のシチューおいしかったわ。毎日シチューやったらええなぁ」とか、おばさんが私に、「今日は全部食べれたかぁ」とか。

そんなことを思い出す時、給食室の匂いもよみがえる。

◆缶詰

この時は、三十一通いただいた。

サンマのかば焼きの缶詰は、多くの方のメッセージに入っていた。私にも馴染みがあるので、読んでいて脳裏に、あの歌舞伎座柄の缶が浮かんでいた。そして、ブームにもなったサバの水煮缶については、みなさんがいろいろレシピを送ってくれた。

プリンゼという今では見かけない、フルーツ果汁のゼリーの缶詰や黄桃の缶詰のメッセージには、それを聞いたリスナーさんから共感や、みつ豆の缶詰の黄桃だけ食べていたなどのメッセージが加わった。アイスクリームがモコモコ出てくる缶詰のメッセージには、素早く検索して画像を送ってくれた人がいた。空気の缶詰はついに開けないままどっかいったとか、おもちゃの缶詰が当たった人はいるのか？　など、当たったことのない私も紹介しながら大笑い。

缶詰で私が思い出すのは、中学の時のキャンプでのこと。持ち物分担の打ち合わせもしっかりやっていたのに、誰の頭の中からも缶切りが抜けていた。忘れもしない富士山でのキャンプだ。そこまで缶詰もいろいろ背負っていったのに、さあ調理となって全員が顔を見合わせた。プルタブの今と違って、缶詰は缶切りで開けるもの。拾った石で叩いてみたりしたがへこむのが精一杯。結局、飯盒で炊いたごはんと定番のカレーだけのキャンプとなった。スムーズなキャンプより思い出深い。

◆食品のたし算

この時は二十二通いただいた。

このテーマは、まさに理科の実験的に一人の人がいくつもの例をあげてくれた。なるほどと思うものから、えーっ!?と思うものまで。

マグロにマヨネーズでトロになるとか、きゅうりにハチミツでメロンになるとか、ナタデココにしょうゆでイカ刺しになる、バニラアイスにしょうゆでみたらし団子、そしてプリンにしょうゆと、アボカドにしょうゆ、これはどちらもウニになると。まあまあ、このあたりは私も想像ができる範囲。しかし、コーラとファンタグレープで酒？ ナマコになこできなこ餅？ みそラーメンにシュークリームでみそバターラーメン？ これはちょっと試してみる勇気も出なかった。今もない。

◆おでん

この時は二十八通いただいた。

想像以上に地域色が出た。まず煮込むおでんと、みそをつけるおでん。名古屋に住んだことがある方からは、「甘めのみそダレをぶっかけて食べるこんにゃく・大根・はんぺんが一番好き」と熱いメッセージが届いた。また、正確に発音すると「しぞーかおでん」。これは煮込んだあと、さらに削り粉や青のり、だし粉をたっぷりふりかける。その煮汁がまた独特。汁の中が見えないほどまっ黒。なのに味はさほど濃くない。串に一種類ずつ刺さっているものを駄菓子屋で食べるのも「しぞーかおでん」の正しい姿のようだ。

また、好みのネタや、入れるネタにも地域色が現れた。黒はんぺんは静岡、ちくわぶは東京、鯨のコロは大阪、これは目立った。
牛すじは関西かと思っていたが、関東の人からもいただいた。メッセージを紹介しながら気づいたのは、「コンビニのおでん」での好きなネタの話題がほとんどだったこと。これはおむすびの時も気になっていたことだが、いつの頃からか、おむすびもおでんも家で作るよりコンビニで買うことが主になっているようだ。時代の流れと言ってしまえばそれまでだが、淋しさが残る。

私の実家では父が練り物を好まなかったので、おでんを作ることそのものが少なかったし、作る時は大根とこんにゃくと昆布くらい。たまに入れていたのは四角の白いはんぺん。「しぞーかおでん」の黒いはんぺんを知った時と、コンビニの丸いはんぺんを知った時は驚いた。とくに黒いはんぺんは、どう見ても鰯のつみれの平たいバージョンとしか思えないでいる。

◆お弁当

この時は二十二通いただいた。

学生時代、お母さんに作ってもらったお弁当の思い出が多かった。アルマイトの弁当箱に、食べ盛りの少年が昼を待てずに食らいつく様子が伝わってきた。お母さんの愛を感じる弁当をクラスメイトに食べられて、本気でケンカした思い出も。

また、男性からのメッセージで、娘さんが大学を卒業してから結婚するまで職場に持っていくお弁当を毎日作っていて、仲間からも楽しみにされていると。この習慣は今、お孫さんの運動会や朝食として続いているそうだ。一部の写真が添付してあったが、娘さんを思いながら作ることを楽しんでいるのが伝わるお弁当だった。

お母さんとケンカした翌日、弁当箱を開けたら白米だけで、びっくりしたり恥ずかしかったことや、会社の近くの肉屋さんがランチ限定で作っているワンコイン弁当が女子に人気、駅弁を食べるのが旅の楽しみ、ご主人が作ってくれるお弁当のフタを開けるのが楽しみ……と、お弁当って、料理を詰めるというより、思いを詰めるもののように感じた。

私のお弁当の思い出は、「三色そぼろ弁当」。これは、ひき肉のそぼろといり卵と、ほうれんそうを細く切って炒めたものをのせた単純なものだが、忘れられない。

専門学校に入ってすぐ、一クラスが約百人という中で友達をつくるキッカケを探していた私。ある日、放課後の教室で、なんとなく話をした男子が、話の流れで「弁当、作ってきてくんない？」と言うので、簡単に「いいよ」と答えた。

当時電車で片道約二時間かけて通学していたのだが、途中の駅で降りて、まず弁当箱と箸と包む布を探した。次に「何を作ろう？」。これは正直、かなり悩んだ。何しろ、さっき初めて話をした人だ。好みもわからない。好き嫌いくらい聞いておけばよかった……と思ったけれどももう遅い。

とりあえず、手に入る材料で、失敗しないもの、汁がこぼれる心配のないもの、そしておそらく嫌いじゃないだろう、ということから「三色そぼろ弁当」に決めた。

知らない人、一回しか話したことのない人、だけど、新しい友達のために作るのは楽しかった。そして、完成。四時起きで作り、しかも自分の分を作ることなど忘れていた。ともかく無事に六時の電車に、大事に抱えて乗り込んだ。

ところが、昼が近づくにつれ、ここで初めて楽しさが不安に変わった。まず、どう渡せばいいのだ？　あんな、流れで言われたことをまともに受けて、いそいそと作ってきたが、

「え？　本当に作ってきたの？」

なんて言われるのではないか……不安だった。

いよいよ昼休みになってしまった。私は、何かを買って公園で食べる女友達に「すぐ行くから」と言い、約束したのだからと心の中でつぶやき、「はい！」とぶっきらぼうにお弁当を渡した。渡したらすぐに友の待つ公園に走りだすつもりで。ところが、彼はなんともいえない笑顔で喜んでくれ、「一緒に食べようよ」と言った。

もう、恥ずかしさマックスだった。とりあえず逃げるように教室を出て、女の子たちとサンドイッチを買って食べた。

教室に戻ると、なんと彼が、どこで洗ったのか、きれいにしたお弁当箱を持って近づき、「おいしかったよ。お礼にミルクティーを飲みに行こう」と誘ってくれた。

私の数ある料理、お弁当の思い出の中で、この時の「三色そぼろ弁当」は、大きな毛糸玉の端。この毛糸玉は毛糸玉のまま、今もある。

◆出前・宅配

この時は十八通いただいた。

自分も宅配のバイトをしていた人からのメッセージで、大阪の街を、宅配用のキャノピーでなく、自分の単車・ＶＭＡＸですり抜けながらピザを配達していたというものがあった。時間が勝負とはいえ、時代の背景も感じた。

また、一人前だと配達してくれないのでカツ丼とそばをセットで頼むようになり、体型を変えられてしまったというゆかいな話も。

寿司とラーメンの思い出が多かった。今では外食に出ることも日常的になっているが、昭和どまん中あたりはまだ、来客時でも家族でも、手料理ではないものを食べる時は、外食でもコンビニでもなく、電話をかけて出前を頼むのがほとんどだったと気づいた。

そして、器を洗って返すか、そのまま返すかのメッセージもあった。中には回収に行くと丼に吸い殻が入っていたという経験もあった。「洗わずそのまま返す」という人の理由が、器を傷つけたり壊さないため、というのを知り、なるほどとも思った。


私の出前の思い出は、小学生の頃の正月。

小三から琴を習っていた私は、正月に社中の全員が集まる〝おひき初め〟を経験している。その時、お姉さんたちがお昼用に注文を聞いてくれる。なぜか毎年天丼か、カツ丼の二者択一。私は必ずカツ丼だった。卵でとじた甘辛いカツと、その煮汁が染みたごはんと、丼のフタの上の小皿にのったたくわん。家で丼物を食べることがなかった私は、年に一度の出前のカツ丼がものすごくごちそうに感じられた。

◆嫌いなもの

この時は二十通いただいた。

好き嫌いはないというメッセージもちゃんと送ってくださった。

ピーマン、玉ねぎ、トマト、きゅうり、ゴーヤなど、クセがそのまま出るものは、嫌いな人が多かった。見てくれや食感では、ホヤや納豆、そしてヨウカンやウイロウ。たしかにヨウカンやウイロウの食感も独特だが、嫌いでない人にはちょっと意外に思うところだ。また、食べてアタッタから牡蠣や、乗り物酔いしたからと干し芋や干し柿もあった。

「骨がある魚が嫌い」と条件つきのものもあったが、卵でも両面しっかり焼いたもの以外ダメと、嫌いは嫌いでも料理法によっては食べられるものも多かった。嫌いになるものって、たいてい出会いが悪い。

私も初めて食べて嫌いになり、体質に合わないと決めつけていたのに、とてもおいしく料理してあるものを、一緒に食べる人に勧められて、おそるおそる口にしてから好きになったものもある。

そして、親が嫌いなものというのは、まず食卓に上らないから、私はセロリ、納豆と出会ったのが成人してからだ。セロリは飲み屋さんに行くようになって、スティック野菜の中に知らないものとして入っていた。何だかわからなかったが、それをみんなが食べていたので私も一本取ってみた。七味をふったマヨネーズをつけて食べたが、はじけるように折れたのと、さわやかな香りで、「これは何?」と聞いたのがセロリを知った瞬間だった。

納豆は目にしてはいたが、隣の人が食べていても臭うし、見るとネバネバ糸をひいている。なんて気持ちの悪いものを食べているんだろうと思って、ずっと手を出すことはなかった。

しかし、初めて食べたのは四十代の時。飲みに行ったら突き出しに刻んだオクラが出た。友は、大好きな「納豆とマグロの山かけ」を頼んだので、私にオクラをくれた。しかし、次のものを頼むのも忘れて話し込むうち、なんと私は友達の「納豆とマグロの山かけ」を食べていた。そして完食……。しばらく間をおいて友達が、「納豆、食べられないって言ったのに――」と笑った。笑われて初めて私も、〝あ? 納豆食べた!〟と気づいた。

それからは納豆は食べるようにはなったが、温かいごはんにのせるとか、納豆を食べながらほかのものも食べるということは今でもできない。温かいごはんにのせると臭いが強くなるし、納豆を食べた箸にも口にもあの糸が残っているから、全部が納豆付きになる。納豆が入っていた茶碗は、それだけをまず水で洗い流したあと、お湯を使い、ほかのものと一緒には洗わない。

ここまで書いてふと思うのだが、こんな私が納豆に「私はキミのこと好きだよ」と言っても、納豆にそっぽを向かれやしないだろうか。私の願いは、「におわなっとう」があるのだから、「糸ひかない納豆」ができないかな、ということだ。

◆世代・地域で違う呼び方

この時は三十三通いただいた。

これは、食べ物に限らず話題が広がった。まず魚介類はわりと地域で違いが出る。

伊豆ではトネリという貝の先に爪が出ている貝を、高知ではマガキ貝、東京の築地ではチャンバラ貝、沖縄ではコマガイ、宮崎ではツチノボリ、三重ではカマボラ、と呼ぶそうだ。私はどの名前も知らなかった。

また、西日本では黒まぐろをシビと呼び、トンボシビはビンチョウマグロであることもメッセージで知った。大判焼きも、静岡では今川焼き、群馬方面では自慢焼き、茨城県では甘太郎と呼ぶそうだ。有名な話では、マクドナルドを関東ではマック、関西ではマクドと呼ぶ。ついでに冷たいコーヒーを関西ではレイコーと呼ぶ。

世代の差かと思われるものでは、スプーンをさじ、ハンガーをえもんかけと昔は呼んでいた。傷に貼るものは、傷テープ、カットバン、ばんそうこう、リバテープ、サビオ。これは年代と地域どちらも絡んで、とても多様だった。

それからオートバイのことを単車と呼ぶという。ご自分も一四〇〇に乗っている昭和三十四年生まれの方から、自分がまわりで調査したところ、その三十四年を境にそれ以前の人は単車、それ以降の人はバイクと呼んでいるようだとメッセージをくれた。すると、バイク雑誌に記事も書いているジャーナリストのカズ中西さんから、原付はバイク、自動二輪はオートバイ、大型バイクは普通バイクと分けていると補足のメッセージをいただいた。

ゲストの方のお誕生日にホールごと食べてほしい！と作ったレアチーズケーキ

また、単車という呼び方は、骨太なライダーが使う、自分は鋼《ハガネ》の機械馬と呼んでいる、とも書き添えてあった。

このように、リアルタイムでメッセージが届くので、私は生放送が好きだ。早く送ってくださった人も聞きながら思い出したことや、私が知らないことだとすぐに調べて教えてくださる。

食べ物以外にも広がったこの回は、初めての方からも届いてうれしかった。

◆ドライブの思い出

この時は三十八通いただいた。

「ドライブでの食事」というより、ドライブそのものについて。楽しい思い出もいただいたが、ハプニングと愛車の話題が多かった。

ナビをセットして安心して走っていたのにどんどん狭い道に案内されて、目的地は近いはずなのにたどり着けなかったこと、山道で駐車場に停まるたびエンジンがかからなくなったが、まだ若かったから（？）若い男性がいつも助けてくれたこと。夜、へんな音と感触に、降りて見てみたら、タイヤを止めているボルトの五本のうち二本が折れていた、職業柄、自分で修理できたが、びっくりした。

デートの思い出話もいくつかいただいた。大阪の人だが、初デートは六甲山へドライブ、車のローンを抱えた二十歳が何も知らず、はり切って彼女と行ったが、入ったレストランが高いこと！　察した彼女がカレーライスを頼んでくれたという。

また、車を替えるたび、乗せる女の子も変わっていたなんていうメッセージも。

そして、愛車の話。私はシルビアのクーペに乗っていたが、自分の母がそれだったとか、プレリュード、パジェロ、エスティマ、ボルボと乗り継いだとか、どの車もノーマルでは乗らず、西日本一にカスタムしたハイエース、さらに今のＲＸ７は二十年乗っているとかいう話。

私は昭和三十五年生まれ。「早く車の免許が取りたい！　取ったら自分の車に乗りたい！」の世代。中古で買ったシルビアは、形が気に入り、色とナンバーに納得がいくまで待って探してもらった。ワインレッドの、三ケタで8が入るナンバー。同級生もみな、車が好きだったので、誰かがホイルを替えると集まり、誰かがライトをいじると集まり、ドライブの前後は私の家の駐車場で洗車。

ジープを洗っている時、何気に、タイヤを洗いながらうっかりボディへタッチしそうになった私に、

「バケツ洗ってんじゃねぇえ!」(傷がつく)

と言ったのは四十年も前なのに思い出すと笑える。

この時のように、たまにテーマを食べることからはずすと、イベント的な盛り上がりをみせる。

◆昭和のおもちゃ

この時は十八通いただいた。

マテルのシズラーという、アメリカのミニカーの話題を、番組のサポーターでもあり、リスナーの502カンパニーの社長、Ｋｏｊｉさんからいただいた。同世代なのに私は初めて聞くので、その場でググッた。どうやら、日本のミニカーと似てはいるが充電式で、

オーバルコースをビュンビュン走るもののよう。そして高かったようだ。

男性のリスナーさんからは、このほかにもミニカーの話題はいただいた。トミカを集めたとか、ゼンマイで動くもの、プラモデル。

仮面ライダーやサンダーバード2号なども男の子らしいな。モーラーという動かし方では生き物のように見せられるモールも……あったあった。

女の子も一緒に遊べたものでは、エスケンや人生ゲーム、ゲームウォッチや、タマゴッチ。私はやったことがないが、メンコは女の子もやっていたようだ。

ゴムとびや、竹馬など、昭和の頃は、おもちゃも買う物ばかりではなかったように思う。空き地に落ちている缶や棒もおもちゃになったし、親が作ってくれたりもした。

おもちゃの移り変わりは、遊び方も変えてきたと思う。与えられたもので、使い方通りに遊ぶ、また、遊ぶ場所へ行って入場料を払って遊ぶことの多い現代と違い、ある物を工夫して道具にすること、その時の人数やメンバーの顔ぶれでルールを作ったり、遊びを作ることを子どもでもしていた。昭和をふり返る時、土の匂いがする。

◆喫茶店

この時は二十三通いただいた。

どのメッセージからも、メニューそのもの以上に、自分が通っていた喫茶店がそれぞれの脳裏に浮かびながら書いてくださっているのが伝わる。

メニューではナポリタン、ピラフ、サンドイッチ、ピザトースト、レスカやウインナコーヒー、とシンプルなところも、現在のカフェとの違いを感じるメッセージ。

また、おしぼりもタオル地、ミルクもポーションでなくシルバーのポット、砂糖も角砂糖がそのたび運ばれたという、物に関して思い出すメッセージ。

校則ではおそらく全国的に禁止されていたと思うが、高校生の頃の思い出が多かった。

「時効だよね」と言いながら楽しく紹介させていただいた。

高三の時、後輩を連れて行き、後輩はレスカ、自分はビールを飲んでいたり、煙草を吸うためにたまっていたり、修学旅行で不良にからまれたこと。

そして、いつもメッセージになぞかけを入れてくれる人がいる。この日は、

「喫茶店とかけて　つられるフレーズととく　その心は　ついつい行っちゃう　言っちゃう」

私が初めて喫茶店のドアを押したのは中学三年の夏休み。私は陸上部だった。前年の部長だった、一つ上の、高校生になった先輩と会った日。

シャルダンというスモークガラスのドアの店だった。ドキドキしながらドアを押すとドアベルの音が静かに響いた。少し暗めの店内の床はじゅうたん、目が慣れたら右前のソファーに先輩の姿が見えた。卒業してから初めて会う先輩はいちだんと大人びて見えた。

「何にする?」と聞かれたけれど、わからないので先輩が「ウインナコーヒー」と頼む時、「私も」と言った。運ばれてきたものは、クリームがこんもりとのっていて、スプーンもない。

「これは混ぜないで飲むのよ」と言われたので、そのとおりにそっと口に運んだ。

クリームの甘さと冷たさがおいしい! そしてその間から、苦めのコーヒーが入り込む。口の中がコーヒーの苦さだけになった頃、最後にカップの底で溶けきれずにいるコーヒーシュガーの甘さだけが流れ込む。この甘さがとてもおいしく、三段階で味わったコーヒーが、ウインナコーヒーとして一つの味の余韻で広がった。

それ以来、しばらくの間、コーヒーを頼む時は迷わずウインナコーヒー。

そのあと、その先輩を追って同じ高校に進み、先輩がいる陸上部に入った。その高校の陸上部は、まだ女子だけでできるほど人数がおらず、男女混合。練習はキツイが、終わったあとはみんなで喫茶店へ流れる。

コスタリカという小さな店だ。部活のあとということもあって、ここではナポリタンやピザトーストが多かったかな。誰が何を頼むかは、たいてい同じ。みな、お気に入りがあった。ナポリタンは、すすりあげると唇にケチャップだけが残るほど。

何を話していたんだろう……ただ笑い合っていた空気感だけが鮮やかに残っている。

中学の頃は、女友達二人で恋バナや失恋話を語るために放課後寄ったバーガーショップがあった。今のようにチェーン店でなく、ピオレという小さなお店。私たちはカウンターに座った。長方形のお皿に半分に切ったハンバーガーがのって出される。軽くトーストされたバンズの香りと、控えめなソースでミートパテの味をしっかりと感じられるバーガー。

東京の専門学校時代も、社会に出てからも、喫茶店はいつも生活の中にあった。待ち合わせて行くこともあるが、それぞれの時で、仲間で集まる場所は決まっていたから、行けば誰かやってくる。誰も来なくてもマスターと話して、コーヒー一杯で何時間もいる。そんな店もあった。

自分でサイフォンを買って、喫茶店ごっこをしていた中学時代から、喫茶店に通うようになって一度は自分でも喫茶店をやろうとかなり本気で思った時期もあった。

今は、喫茶店というよりおしゃれなカフェが増えたが、私はやっぱり少しダークな雰囲気の喫茶店が居心地がいいな。

マダムと殿下の料理対決

二〇一九年一月からは新しいコーナーを作った。

毎月第三月曜日に、国際現代芸術家であり料理家である、深瀬綾《ふかせりょう》さんをお迎えして、深瀬綾さんの幼少期のニックネーム・殿下を取って、コーナー名は「マダムと殿下の料理対決」。

こちらは、ミキサー・ブライアンが対決テーマを出し、試食して判定。

◆第一回の対決テーマは〈大根〉

殿下が作ったのは、大根をカツラムキして刻んだ椎茸や人参をミルフィーユにして油あげに詰めて、

クリスマスなのにすきやき。深瀬さん（左）と私

かんぴょうで結んで含め煮にしたもの。

私が作ったのは、大根と帆立のグラタン。ホワイトソースもグラタンソースも使わず牛乳で煮て、片栗粉でとろみをつけ、さらに味は、貝柱とパルメザンチーズの塩気を利用するので塩・こしょう不要。葉つき大根だったので、刻んだ葉を軽くゆでて絞ってトッピング。

第一回の勝負は、意外性と、やさしい味という点で、マダムの大根グラタンの勝ち。

◆第二回の対決テーマは〈ツナ〉

殿下が作ったのは、ツナ餃子。白菜とニラ、しょうが汁を混ぜた餃子で、小六の時、一般向けの料理コンテストに出して、「年齢問わず食べられるおいしさ！」と受賞した、思い出も自信もある一品。

私が作ったのは、ツナとカット野菜の酸辣湯《スーラータン》。仕上げにもめん豆腐を加えたもの。

飛び入りで特別審査員が来てくれましたが、勝負は、殿下の勝ち。

勝敗の一番大きな分かれ目は、辛さ。殿下の餃子は、さすが小六の時に受賞されただけあり、タレなしでおいしく、子どもにも安心。

一方、私のはかなり辛口。酒呑みや大人にはいいが、万人向きではない。というところが判定のポイントだった。

◆第三回の対決テーマは〈春〉

これには殿下も私も一品に絞りきれず、ギリギリまでうれしい迷いがあった。

私はこのテーマが発表された瞬間から、「グラスに重ねるカラフルポテトサラダ」を作ろうと思っていた。が、対決直前の日曜日、たまたま筍をいただいた。そこで急遽、料理を変更。作ったものは「タケノコバーガー」。

筍を中ザラ糖とだし汁と唐辛子で煮て、さらにしょうゆで煮含めてから揚げて、伊豆の特産物の一つである肉厚の椎茸もフライにして、サニーレタスとチェダーチーズとトマトと一緒にマフィンに挟んだもの。

筍をいただかなかったら、「グラスに重ねるポテトサラダ」だったことは、誰も知らない。私の料理は、いつもこんなふうに思いつきや、作りながら形となっていくから、名前すらないものが多い。

殿下が作ったものは、「山うどの煮浸しと、山菜の炊き込みごはん」。

これは、天然の山うどという貴重な食材を葉ごと使った煮浸しと、わらびなど山菜が、軽いしょうゆ味で焚き込まれたやさしいごはんになっていた。

春のテーマで、まさかの主食対決となったが、この回のブライアンの判定は、意外性が一番の決め手になったようで、私・マダムの勝ち。

あとで調べてみたら、広島や京都などのカフェにも「タケノコバーガー」はあるようで、私のは「マダム風タケノコバーガー」と改名。

思えば、外で食べたものを家で作ってみることがわりとある。だから食べる時も、「おいしい！　どこが今まで知っているものと違うんだろ？」とか、「これはアレに代えたら家でもできる」とか、「こんな組み合わせもいいな」とか、興味津々。

それにしても「〜風」とは便利な言葉だと、言いながらついニヤッとしてしまう。

◆第四回対決テーマは〈酒の肴〉

これまた広いテーマ。しかし、そこは酒。殿下も私もまず、自分の馴染みのある酒を思い浮かべるところから、わりとスムーズに料理は決まった。

殿下は長火鉢を前に燗をつけながら日本酒を……のイメージで。「マグロのカマの煮付けとマグロの漬け丼」。マグロ選びからこだわった殿下の熱い想いが味に表れて、殿下の勝利。

私は、白ワインの泡ものをイメージして、「サラダチキンとチーズの寒天寄せ」。紙コップに、八ミリ角くらいに切ったサラダチキンとチーズとゆでたミックスベジタブルと、コンソメで味つけた寒天を流し込み固め、グリーンを敷いたお皿に、紙コップを破いてのせるだけ。グリーンの上には、ワイナリーで見つけた赤ワインの岩塩をパラパラ。

私が作る時のポイントは、手に入りやすいもの、旬のもの、地域性のあるもの。とくに地元・伊豆のアピールができるもの。リスナーのみなさんが、「おいしそう！　まねしてみよう」「あ、コレはうちでもよく作る！」とか思えるものが多い。

それに対して料理研究家の顔も持つ殿下は、素材も作り方も本格的。私も毎回、「すごい！」となる。

しかし、審判は二十代の独身男性。どこが決め手になるかわからない。そんなところもこのコーナーが人気のポイントらしい。

ここまで四回の対決をお互い二勝二敗で終え、五回目を〈もやし〉で対決する予定だったが、殿下こと深瀬綾さんは、国際現代芸術家でもあられるため、画業三十周年記念の個展の最中ということで、第五回の対決はできず、記録上は、私の不戦勝となった。

この料理対決、初めは「ド素人の私が料理研究家の殿下と勝負するなんて」とひるんだが、勝ち負けより、テーマになったものをどう自分らしく一品にするか、と楽しむことで、私も成長させていただいた。

全く同じ料理を作ることもあり得る。しかし、たとえば同じ肉じゃがでも、作り手によって味つけや、芋の煮え加減などで別物になる。

これが手料理の良さだと私は思う。とくに家庭料理の場合、「おいしい」「まずい」だけではないものがあると思う。

なのでこの対決も「おいしい」「まずい」だけではない部分が入る判定となるので、若いブライアンには大役だと思う。時々はまたサプライズ審査員に判定を任せて、月一回ちょっとしたイベントとして続けたい。

◆お正月スペシャル

毎年、一月の一回目の放送は、「お正月スペシャル」として、ゲストの人をとくに決めず、その夜スタジオに来ることができる人はオールウェルカムでやっている。

そして集まってくださった人たちみんなで、私の作ったおせち料理をつまむ。

大阪や愛知、東京、山梨からも来てくださって、本当にうれしい。

私が初めておせちを作ったのは中二だったか。その後一～二年は家にある丸くて仕切りのある大きなお盆のようなお重で作っていたが、高校一年の暮れに母が私に三段重を買ってくれた。それからずっと、この三段重で作っている。

定番のおせちの中に洋風や中華風も混ぜることと、新しいものを混ぜる。ある年の新作が、それ以来私の定番になっているものもあるし、母が作っていたものの中で私が好きなものは定番になっている。

必ず作るものは「伊達巻」と「ピリ辛こんにゃく」「煮しめ」「高野豆腐の含め煮」。

「伊達巻」は、初めの頃は白いはんぺんで作っていたが、今はスリ身を使っている。毎年作るのにその度に一番、気合いと集中力を注ぐ一品だ。色よく焼けた一枚の卵を、鬼すだ

れでていねいに巻く。冷まして切る時も、きれいなうず巻き模様になっているかドキドキする。

「ピリ辛こんにゃく」、これは父の好物だった。思えば毎日晩酌をする父にとって、おせちも正月の間の酒のアテだったので、肴になるものを詰めていた。だから伊達巻も甘すぎず、他のおかずも塩っからすぎず。

毎年一品は入れる新メニューは、洋風のものを入れることが多い。三段重の中で、しょうゆの味に口が飽きた頃にクリームソースを使ったものやサラダ的なもの。

二〇一九年は、一月の初回が七日になり、もうお正月気分でもなかろうと、前年の大晦日の月曜日をお正月スペシャルの回にした。

お正月を迎えるイベントと言えば「お餅つき」ということで、大阪から502カンパニーの社長が、餅つき器持参でかけつけてくれた。そのほかには毎年来てくださるモータージャーナリストのカズ中西さんや、毎回メッセージをくださる高槻の人、山梨でダイニングバーをされている姐さん、地元のリスナーさんたちも。その場で餅をついて丸めたり、餡を詰めたり。大阪ならではの牛の腸を揚げた脂カスを入れたたこ焼きを焼いたり、みんなで声を上げながらやった。番組がスタートした頃は、さながら二次会ムード。初めて顔を合わせる人たちと、すっかり打ちとけて、話題も豊富に広がる。

それまでのお正月スペシャルでも愛知や東京、地元から、と集まってくださった。箸におみくじをつけたりして、料理以外のところにも工夫をするのがイベントのワクワクするところだ。

しかし、イベントはもちろん、毎日の食卓を調える時も、器選び、合わせる飲み物などを、食卓を囲む顔ぶれを思いながら考えるのは、たまらなく楽しい。

「おいしいね」「これ、もう少し濃い味がいいな」「何これ!?」

それぞれの反応を口にしながら、「そういえばさ」と誰かがしゃべっている間、それを聞きながら食べる、笑う。

「スタジオには行けなかったけど聴いてたよ」と言ってくださる方たちからは、「普通の家庭の食卓をのぞき見しているみたいだった」と言われた。

私にとって最高の言葉だ。

この頃は、お正月もお盆も、実家に親せきじゅう集まることも少ないと聞く。私自身もない。でも、ここ「マダムの部屋」が、そんな場所になって、いろんな人を待っていたい。

すべてはご縁～ライダーデビュー

ＦＭイズの番組表「ＨＴはなつーしん」は三カ月ごとに特集を変えて発行される。それを持って、私は埼玉県本庄市や群馬県富岡市、桐生市、山梨県丹羽山村へも行っていた。そして、ふだんも行くようになった。

そこで行き合わせた方たちがまた、リスナーさんになってくださったりしてうれしい。

そんなある日、バイクのツーリングにデミオの私を誘ってくださった。バイクへの憧れはあったが、せいぜい後ろに乗せてもらうのを楽しむだけだった。

ところが、ツーリングを楽しんでいたまっ最中、私は一人デミオで帰ることになった。ライダーのフットワークは軽い。群馬の棒名の道で、バイクのみんなは長野へ向かうが、私は行けなかった。みんなを見送って、ふり返るとデミオが一人、ポツンといた。

この瞬間、涙があふれて止まらなくなった。淋しかった、悔しかった、悲しかった。

その思いが消えず、そして背中を押してくれる人がいて、私は教習所に入校し、二輪免許取得を目指した。

ところが、昔スクーターには乗っていたし自転車には乗れるものの、今はどちらも家にない。いそいそと中型を取ろうとしたのに教習車は４００ccだ。支えることさえ危なっかしく、教習所の人が小型１２５ccで入校させてくれた。

ライダーの友達が、コツとか心得をアドバイスしてくれるが、何しろ教習所に通う時しか乗れない。なかなか進まない。何度も転んだし、教習車のバイクに傷もつけた。でも恐怖心はなく、せっせと通っていた。

だが、転び方が下手だったのだろう。プロテクターが胸にくい込んでしまった。動けない私に、教官が集まってくださり、なんと救急車が教習コースを走ってくるという大迷惑なことを起こしてしまった。レントゲンの結果、幸い、骨には異常なしだったが、その日の教官と教習所には本当に申し訳ないことをした。

しばらく間をあけて、痛みが薄れた頃、この時も恐怖はなかったのだが、乗り出したとたん強風……。この風はこわかった。

その日は乗れずに教官が異例であろうタンデムで、私に感覚を教えてくださった。その日の帰り、とにかく二輪免許は取りたかった私は、オ、ー、ト、マ、限定コースに変更して帰った。なさけなくて涙が出たが、やめたくなかった。そこからはスクーターで教習を受け、いよいよ卒検。これがまた、ほぼコースが終わるという位置だった。クランクから左折で出てすぐの信号がある交差点で、停止線をふんだ！　これは一発アウト。また泣く……なさけない。

二度目でさすがに合格をしたが、すぐに乗らないとペーパーライダーになる。ただ、オートマ限定のくせにスクーターには乗りたくない私。ここでまた、大阪の５０２カンパニーの社長に相談。すると京都にちょうどいいのがあるという。見に行った。それが私とハンターカブの出会いだ。

バイクの種類も知らず、ただ乗りたい気持ちだけだった私は、これがキック式ということもその時知った。

店で蹴ってみた……ビクともしない……。

何度かやって、バイクショップの店長がコツというか、キック式の構造を教えてくださった。

そして……かかった!!

そのあと京都のショップの脇道と、まわりの道路を何周かしたのが、私の公道デビューだ。

今、京都から運んでもらった赤いハンターカブで近場を楽しめるようになったが、納車後一カ月で事故にもあった。でも、その小さな事故がなかったら、未熟なうちからウキウキ乗って大きな事故に遭っていたと思う。

広がる、つながる、思い出す

リスナーさんからリスナーさんへ広がる、リスナーさんやゲストさんに支えられて、番組はやらせていただいている。そして、つながるうちに、私の人生の世界も広げてもらっている。

現在、番組のオープニング曲♪ｆｒｅｅ!!とエンディング曲♪青くは、サポーターにもなってくださっているアコースティックデュオ〈もぐら〉の二人の若者によるものだ。彼らとの縁もリスナーでもある友達からだし、番組をきっかけに、〈もぐら〉も伊豆でライブを開催した。そしてその会場で番組を知った方がリスナーとなってつながってくださる。

自分もラジオっ子で、学生の頃からラジオというのは音を出す機械でなく、あたかもラジオという箱の中に人がいるように感じるほど、生活に密着した存在だった。

ＦＭ ＩＳ《イズ》は伊豆市民の、いわば有線放送の代わりのように誕生したラジオ局。狭いエリアでの情報交換だったので、毎日聴くうちにラジオネームのあの人はどこの人かもわかってくる。そんなアットホームな放送局だ。それが今、アプリでエリアは広がったけれど、リスナー同士の近さは、地域の距離をなくしている。

たった一時間の番組だが、顔も知らぬいろんな人と、一つのテーマでわいわいと、それぞれの思い出を語り、共感したり刺激を受けたりして、学生時代の喫茶店か、赤ちょうちんの屋台のよう。

一回目から私がご用意している料理。五年目となる今のところ、同じものは一度もない。それは私が料理人でも調理師でもないからだと思う。同じ名前の料理でも、その時手に入るものや、季節などにより少し違うものもある。

ミキサーのブライアンがある時、私のことを、「伊豆のお母さん」と呼んでいた。なるほど、歳もそうだが、作るものが名前のない家庭料理だからかと思う。どんなにおいしいものも飽きるのは、同じ味だから。家庭料理は完璧でなかったり、作り手のクセ・好みも出るので一定ではない。そこが家庭料理のよさの一つかと思う。

そしてたまに、リスナーさんがメッセージでレシピを教えてくださり、それを作ることもある。一度も食べたことのないものを作る時のワクワクは格別。それをおいしいと言ってもらえて、自分でもおいしいと思えた時は、「教えてもらってまたレパートリーが増えた」と感謝する。

私の川柳の中にも、家族にとってのごちそうがイメージされたものがある。

コロッケも　むすびも母の　手のサイズ
ただいまが　キッチンめがけ　駆けてくる
休日の　トースト厚く　きつね色

一度、心がとてもつらい時、作り慣れているかぼちゃの煮物がどうしても失敗。持っていく約束をしていたので作り直したのに、また失敗。それでも約束したから持っていったことがある。この時は同時に作った卵サンドも失敗。

すると、受け取って食べたその人から、

「料理人なのに。どんな気持ちの時もちゃんと作れないなんて」と言われた。

この言葉は私の胸にずっと刺さっている。しかし、はじめは痛く刺さっていたが、今はありがたいと思えるようになった。

心を整えておくことも、料理を作る大前提。そして、誰かが作ったものにやさしくなれる、どれもそれぞれ違う味、と感謝することができる。料理にはその人のクセや心境が出ることを知った。

たまにご夫婦の顔が結婚後に似てくるのを感じる時、同じものを一緒に食べていらっしゃるんだなぁ、と思う。すると食べたくなるものが一致してくる。私の本当に個人的な思いだが、家庭円満には言葉や、思いやりや、心も大きいだろうけど、食生活がとても大事だと思う。食の一致、これは一緒に暮らすなら本当に大事だと思う。

「マダムのＬＯＶＥ　ＩＳ　ＨＯＭＥ」というこの番組にいただくメッセージは、毎週一つのテーマを出しているが、このテーマを決めることが、すでに私にとって、思い出のカギを探すこと。砂の中に手を入れるように、自分のこれまでをふり返り、そこからテーマにするきっかけをさぐる。時にはリスナーさんがテーマ案もくださり、その時は私の知らないことを知るきっかけにもなり、ありがたい。

テーマを探る時、私も両親との思い出、友との思い出、愛した人との思い出、楽しかったこと、うれしかったこと、悲しかったこと、苦しかったことが、寄せる波のように浮び上がる。が、どの思い出にも何かしら、食べ物が関わっていることにあらためて気づく。

たとえば、父が亡くなる前の約八カ月、私は伊豆から姫路に通い、何十年ぶりに一緒に暮らしたが、少しでも父の箸が進むように、料理はもちろん、買い物するのも楽しんだ。季節を大切にする父だったので、旬のものを使うと喜んだ。またある時、父が手をつけない一品があった。あとでわかったのだが、この頃父の視力はかなり弱く、昨日と同じ皿にのっていたので残り物だと思ったという。

家庭で食べるものでも盛りつけや食器選びにも気をつけなければ、と気づかされた。

そして母は、おはぎが上手。お祝い事でも赤飯でなくおはぎを作る。父はこの、母のおはぎが大好きだった。私は初めておはぎを買うことになった時、まずその小ささに驚いた。母が作るうちのおはぎはデカイ。市販の四倍はありそうだ。そしてあんこも、中のハンゴロシのごはんも、母のはツヤが違う。ずっと餅米アレルギーで、私はまわりのあんこしか食べられなかったが、治って食べてみた時、父の満足そうな顔が浮かんだ。

リスナーがくださるメッセージからも、その食べ物のことだけでなく、どこで、どんなふうに、誰と食べたかが詰まっているのが伝わってくる。
これからも、そんなふうにみんなで、ふとアルバムを開くようなひとときを、月曜の夜に過ごしてもらえるように、マダムの部屋は
夜八時に灯を入れよう。

二〇一九年現在のサポーターのみなさん

・土肥の八百屋商店
・移動オープンカフェ・ピットイン／プロデュースｂｙ５０２カンパニー
・ダイコン爺さんプロジェクト～箱根強羅観光親善大使ダイコン爺さん
・アコースティックデュオ・もぐら
・ベーカリーズキッチン・ｏｈａｎａ《オハナ》
・オリジナルグッズ制作会社
▽「Ｔシャツ」「ステッカー」愛知県常滑市
CUSTOM & CRAFT labor cat《ラバーキャット》
▽「カラナビ付プレート」大阪府堺市（株）ＲＡ
Ｙ―ＺＥＳＴ

▽OP曲♪free!!　ED曲♪青く
ともにアコースティックデュオ・もぐら
三枚目アルバム『blue line』より

・ミキサー／ディレクター
ブライアンこと　鈴木 創

・レギュラーコメンテーター
殿下こと　国際現代芸術家・深瀬 綾さん
（画家として36年にわたり国内外で活動）

おわりに

料理が好きで、食べることも好きで、食べてもらうのも好きな私であり、食に対してつらい思い出もある私が「食事って楽しいこと！」だと伝えたくて、ふと口にした「ラジオでやりたい」を実現させてくださったのがご縁。以来ゲストの方を通じたり、リスナーの方を通じてたくさんのご縁で、今の私がある。

「思い出の食卓」というコーナーでは、ゲストの方のお話に驚かされたり、おなかの底から笑ったり、時に涙したりもする。「リスナールーム」には毎回、時間が足らないほどのメッセージをいただき、私がバタバタとするけれど、いつからか、そんな私のあわてぶりさえ楽しみにしてくださる温かいリスナーさんたち。

お会いしたことのある方も、ない方も、その方からのメッセージを読む時は、直接今、目の前にいらっしゃるように感じる。それはみなさん、語りかけるようにメッセージをくださるから。

二〇一九年七月から番組は五年目、これからもたくさんのご縁を大切に、感謝しながら続けてゆこう。
食べることは生きること
誰かと食べること、それが私の命

みなさん、
ありがとう！

著者プロフィール

谷口 智美（たにぐち さとみ）

大阪府出身、静岡県在住。
コミュニティーFM IS（エフエムイズ）パーソナリティー。
著書：『手のひらの上の日常』（2009年、文芸社）

マダムの部屋へようこそ！

2020年1月15日　初版第1刷発行

著　者　谷口 智美
発行者　瓜谷 綱延
発行所　株式会社文芸社
〒160-0022 東京都新宿区新宿1－10－1
電話 03-5369-3060（代表）
03-5369-2299（販売）

印刷所　株式会社フクイン

©Satomi Taniguchi 2020 Printed in Japan
乱丁本・落丁本はお手数ですが小社販売部宛にお送りください。

送料小社負担にてお取り替えいたします。

本書の一部、あるいは全部を無断で複写・複製・転載・放映、データ配信することは、法律で認められた場合を除き、著作権の侵害となります。

ISBN978-4-286-21173-2